MÉLANGES RENIER

RECUEIL DE TRAVAUX

PUBLIÉS PAR L'ÉCOLE PRATIQUE DES HAUTES ÉTUDES

(Section des sciences historiques et philologiques)

EN MÉMOIRE DE SON PRÉSIDENT

LÉON RENIER

ABEL BERGAIGNE
LA SYNTAXE DES COMPARAISONS
VÉDIQUES

PARIS

F. VIEWEG, LIBRAIRE-ÉDITEUR

67, RUE DE RICHELIEU, 67

1886

Tirage à part non mis dans le commerce.

BIBLIOTHÈQUE DE L'ÉCOLE PRATIQUE DES HAUTES ÉTUDES, publiée sous les auspices du Ministère de l'instruction publique. Format in-8° raisin.

1er fascicule : La Stratification du langage, par Max Müller, traduit par L. Havet. — La Chronologie dans la formation des langues indo-germaniques, par G. Curtius, traduit par A. Bergaigne, membre de l'Institut. 4 fr.

2e fascicule : Études sur les Pagi de la Gaule, par A. Longnon. 1re part. : l'Astenois, le Boulonnais et le Ternois, avec 2 cartes. Epuisé.

3e fascicule : Notes critiques sur Colluthus, par E. Tournier. 1 fr. 50

4e fascicule : Nouvel Essai sur la formation du pluriel brisé en arabe, par Stanislas Guyard. 2 fr.

5e fascicule : Anciens glossaires romans, corrigés et expliqués par F. Diez. Traduit par A. Bauer. 4 fr. 75

6e fascicule : Des formes de la conjugaison en égyptien antique, en démotique et en copte, par G. Maspero, membre de l'Institut. 10 fr.

7e fascicule : La vie de Saint Alexis, textes des xie, xiie, xiiie et xive siècles, publiés par G. Paris, membre de l'Institut, et L. Pannier. Epuisé.

8e fascicule : Etudes critiques sur les sources de l'histoire mérovingienne, par Gabriel Monod, et par les membres de la Conférence d'histoire. 6 fr.

9e fascicule : Le Bhâmini-Vilâsa, texte sanscrit, publié avec une traduction et des notes par Abel Bergaigne, membre de l'Institut. 8 fr.

10e fascicule : Exercices critiques de la Conférence de philologie grecque, recueillis et rédigés par E. Tournier. 10 fr.

11e fascicule : Etudes sur les Pagi de la Gaule, par A. Longnon. 2e partie : les Pagi du diocèse de Reims, avec 4 cartes. 7 fr. 50

12e fascicule : Du genre épistolaire chez les anciens Egyptiens de l'époque pharaonique, par G. Maspero, membre de l'Institut. 10 fr.

13e fascicule : La Procédure de la Lex Salica. Etude sur le droit Frank (la fidejussio dans la législation Franke ; — les Sacebarons ; — la glosse malbergique), travaux de M. R. Sohm, professeur à l'Université de Strasbourg. Traduit par M. Thévenin. 7 fr.

14e fascicule : Itinéraire des Dix mille. Etude topographique par F. Robiou, professeur à la faculté des lettres de Rennes, avec 3 cartes. 6 fr.

15e fascicule : Etude sur Pline le jeune, par T. Mommsen, traduit par C. Morel. 4 fr.

16e fascicule : du C dans les langues romanes, par C. Joret. 12 fr.

17e fascicule : Cicéron. Epistolæ ad Familiares. Notice sur un manuscrit du xiie siècle par C. Thurot, membre de l'Institut. 3 fr.

18e fascicule : Etude sur les Comtes et Vicomtes de Limoges antérieurs à l'an 1000, par R. de Lasteyrie. 5 fr.

19e fascicule : De la formation des mots composés en français, par A. Darmesteter. Epuisé.

20e fascicule : Quintilien, institution oratoire, collation d'un manuscrit du xe siècle, par E. Châtelain et J. Le Coultre. 3 fr.

21e fascicule : Hymne à Ammon-Ra des papyrus égyptiens du musée de Boulaq, traduit et commenté par E. Grébaut, avocat à la Cour d'appel de Paris. 22 fr.

22e fascicule : Pleurs de Philippe le Solitaire, poème en vers politiques publié dans le texte pour la première fois d'après six mss. de la Bibliothèque nationale par l'abbé E. Auvray, licencié ès lettres, professeur au petit séminaire du Mont-aux-Malades. 3 fr. 75.

23e fascicule : Haurvatât et Ameretât. Essai sur la mythologie de l'Avesta, par J. Darmesteter. 4 fr.

24e fascicule : Précis de la Déclinaison latine, par M. F. Bücheler, traduit de l'allemand par L. Havet, enrichi d'additions communiquées par l'auteur, avec une préface du traducteur. 8 fr.

25e fascicule : Anis el-'Ochchâq, traité des termes figurés relatifs à la description de la beauté, par Cheref-eddîn-Râmi, traduit du persan et annoté par C. Huart. 5 fr. 50

26e fascicule : Les Tables Eugubines. Texte, traduction et commentaire, avec une grammaire et une introduction historique, par M. Bréal, membre de l'Institut, professeur au Collège de France, accompagné d'un album de 13 planches photogravées. 30 fr.

27e fascicule : Questions homériques, par F. Robiou. 6 fr.

28e fascicule : Matériaux pour servir à l'histoire de la philosophie de l'Inde, par P. Regnaud, 1re partie. 9 fr.

29e fascicule : Ormazd et Ahriman, leurs origines et leur histoire, par J. Darmesteter. 12 fr.

30e fascicule : Les métaux dans les inscriptions égyptiennes, par C. R. Lepsius, traduit par W. Berend, avec des additions de l'auteur et accompagné de 2 pl. 12 fr.

31e fascicule : Histoire de la ville de St-Omer et de ses institutions jusqu'au xive siècle, par A. Giry. 20 fr.

32e fascicule : Essai sur le règne de Trajan, par C. de la Berge. 12 fr.

33e fascicule : Etudes sur l'industrie et la classe industrielle à Paris au xiiie et au xive siècle, par G. Fagniez. 12 fr.

34e fascicule : Matériaux pour servir à l'histoire de la philosophie de l'Inde, par P. Regnaud, 2e partie. 10 fr.

35e fascicule : Mélanges publiés par la section historique et philologique. Avec 10 planches gravées. 15 fr.

LA SYNTAXE

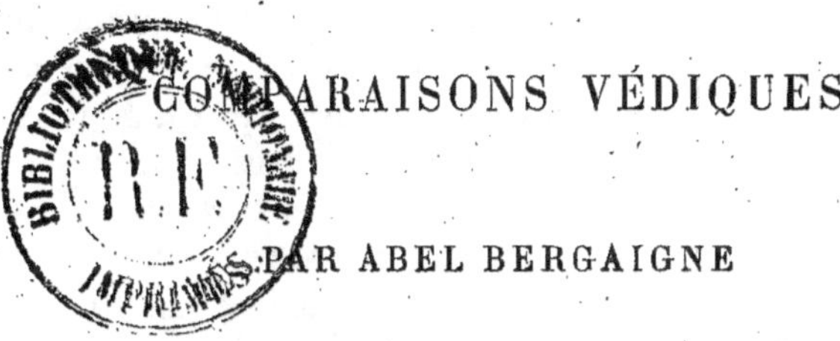

COMPARAISONS VÉDIQUES

PAR ABEL BERGAIGNE

La syntaxe védique offre un certain nombre de particularités qui n'ont encore fait l'objet d'aucune étude spé-
ciale, ou qui même semblent avoir passé à peu près
inaperçues. Elles fourniraient pourtant la solution de bien
des difficultés d'interprétation qu'on a trop vite tran-
chées, soit en proposant des corrections au texte, soit
en supposant des formes inconnues, soit en imposant des
sens nouveaux aux mots. Je ne signalerai aujourd'hui que
deux ou trois de ces particularités, et je les étudierai
seulement dans une catégorie de phrases où elles se rencontrent, non pas exclusivement, mais, à ce qu'il m'a
semblé, plus fréquemment qu'ailleurs, à savoir les comparaisons. Les exemples seront empruntés aux Saṃhitās
du Ṛig et de l'Atharva-Veda, mais principalement à la
première, où les comparaisons sont plus nombreuses et
plus intéressantes. C'est à celle-ci que devront être rap-
portées toutes les citations non accompagnées des lettres
A. V. (Atharva-Veda).

Les comparaisons dont il s'agit ne sont pas celles qui

comprennent deux propositions[1] avec un « comme » et un « ainsi »[2], telles que la suivante :

IV, 12, 6 = X, 126, 8. yáthā *ha tyád vasavo gau-ryàm cit padi shitâm ámuñcatā yajatrāḥ* — *evó shv àsmán muñcatā vy áṃhaḥ.*

On pourrait bien y signaler plus d'une fois, comme dans cet exemple même, une absence de symétrie entre les deux membres (l'accusatif *gauryàm* et l'ablatif *as-mát*)[3]. Mais les faits de ce genre sont du ressort de la stylistique plutôt que de la syntaxe[4].

C'est dans les comparaisons formées d'une seule proposition, et embrassant dans une construction unique les termes de comparaison, les termes propres et les termes communs, que la syntaxe védique offre des tours d'une hardiesse, ou, si l'on veut, d'une maladresse singulière. Le fait s'explique d'ailleurs naturellement par la complication inhérente aux formules de ce genre.

Le principe, et le cas le plus ordinaire, est que les termes communs[5] constituent avec les termes propres une proposition complète à laquelle viennent s'ajouter, au moyen d'une des particules, *ná, iva, yáthā* ou *yathā*[6],

---

1. Celles-là sont relativement très peu nombreuses, et, sauf de rares exceptions, viii, 4, 3 ; 47, 17 ; x, 60, 8 et 9 ; A. V. iii, 6, 6 ; x, 1, 32, ne sont pas des comparaisons poétiques, mais des comparaisons *histo-riques*, ii, 30, 4 ; iii, 17, 2 ; 36, 3 ; viii, 36, 7 ; 42, 5 et 6 ; ix, 82, 5 ; x, 7, 6 ; 149, 5 ; 151, 3 ; Vāl. 6, 2. — La comparaison poétique est quelquefois exprimée en deux propositions par un *ná* ou un *iva* « mitigeant », suivi d'une conjonction ou d'un pronom relatif, i, 38, 8 ; 68, 9 ; vi, 75, 1 ; x, 43, 5 ; 75, 3 et 4.

2. On sous-entend quelquefois « ainsi », viii, 3, 12 ; 4, 3 ; x, 191, 2, ou même « comme » ; v, 2, 7.

3. Voir encore v, 78, 7 et 8 ; Vāl. 2, 9 ; A. V., v, 21, 4.

4. Il faut relever cependant comme particulièrement hardie la construction du vers viii, 57, 10, *táṃ* tvā *yajñébhir* imahe ... *índra* yáthā *cid* ávitha *vājeshu purumáyyam* (cf. d'une part Vāl., i, 9, et de l'autre i, 175, 6 ; on peut hésiter entre les deux rapprochements).

5. Au premier rang des termes communs, il faut naturellement placer le verbe qui, souvent d'ailleurs, n'est commun que par métaphore, ii, 16, 7 ; 28, 4 ; viii, 82, 3 et *passim*. Le cas le plus rare, mais aussi le plus curieux, est celui où un verbe qui ne conviendrait qu'au propre est étendu à la comparaison, iii, 38, 1, abhí *tádshṭeva dídhayā manīshắm.* Cf. iii, 2, 3 ; x, 40, 4.

6. Les particules *ná, iva* et *yathā* sans accent, sont toujours placées

le terme ou les termes de comparaison construits au
même cas que les termes propres auxquels ils se rapportent[1], et formant une sorte d'appendice placé, soit au
commencement,

I, 106, 1. rátham ná durgád *vasavaḥ sudānavo víçvas-
mān no áṃhaso nish pipartana,*
soit à la fin,

III, 45, 1. *mắ tvā ké cin ní yaman* víṃ ná pāçínaḥ,
soit au milieu, à la manière d'une incise :

Vāl. 4, 4. *táṃ tvā vayám* sudúghām iva godúho *juhū-
mási çravasyávaḥ.*

Le terme de comparaison peut d'ailleurs être plus ou
moins éloigné du terme propre correspondant, comme
au vers VIII, 35, 19, et dans l'exemple suivant, où cet
éloignement ou toute autre cause a trompé M. Grassmann :

après un terme de comparaison, ordinairement après le premier exprimé, mais quelquefois aussi après deux termes, soit après un substantif accompagné de son épithète, x, 134, 6, ou un participe accompagné de son régime, x, 94, 13, cf. x, 78, 4, soit même après deux
termes indépendants l'un de l'autre, x, 89, 7 ; 97, 8 ; 106, 1 ; 119, 3.

1. Les termes propres sont assez souvent sous-entendus, par exemple
un régime à l'accusatif, i, 141, 9 et 13 ; iv, 39, 5 ; viii, 34, 3 ; 51, 6 ;
ix, 70, 10 ; x, 68, 2 ; 131, 5 ; 178, 2 ; A. V., v, 26, 5 ; xii, 3, 23, exprimé
d'ailleurs quelquefois immédiatement avant, x, 116, 9, ou après, i, 116,
1 ; ii, 33, 6 ; vi, 64, 3, ou suggéré par un génitf qui en dépend, x, 68, 9,
un régime indirect, ii, 28, 6, le sujet, viii, 92, 11, sans parler des termes ajoutés dans la comparaison auxquels ne répond aucun terme propre : instrumental, i, 34, 1 ; 116, 24 ; 130, 4 et 10 ; 166, 11 ; ii, 2, 5 ;
27, 16 ; 34, 2 ; v, 4, 9 ; vi, 68, 8 ; 75, 14 ; viii, 72, 3 ; ix, 17 1 ; A. V.,
ii, 12, 3, locatif, ii, 2, 2 ; iv, 17, 16 ; viii, 40, 1 ; x, 89, 14, ablatif, vi,
16, 38 ; x, 106, 2, et même accusatif, iii, 45, 4 ; vi, 47, 14. D'autres
fois, c'est, au contraire, un terme de comparaison qui est omis, comme
au vers i, 114, 9, *úpa te stómān paçupā́ ivắkaram,* où le régime non
exprimé *gā́s* est suggéré par le sujet *paçupā́s,* cf. i, 55, 1 ; iv, 6, 2 ; v,
54, 4 ; 61, 17 ; viii, 64, 12, et vii, 104, 2, où on obtient un sens excel-
lent en sous-entendant *agním,* suggéré par *agniván* (*tápus* est un nominatif construit avec *aghám*). Aux vers v, 25, 9 ; viii, 85, 11, le régime
direct de la comparaison est suggéré par un instrumental. L'instrumental suggère le sujet aux vers i, 185, 1 ; iii, 33, 2 ; 36, 6 (le rapprochement de ces deux passages suffit pour écarter l'hypothèse d'un duel
rathyā). — On voit, dans des formules consécutives, i, 97, 7 et 8, cf.
30, 14 et 15, ou simplement équivalentes, viii, 35, 7 ; 8 ; 9 et 45, 24,
tantôt le régime propre suggérer le régime de comparaison, tantôt le
régime de comparaison suggérer le régime propre.

I, 26, 4. *à* no *barhí riçắdaso váruṇo mitró aryamắ — sídantu* mánusho yathã.

Le sens est que les dieux doivent s'asseoir sur l'autel de leurs suppliants, non pas « comme des hommes » (comme des personnes naturelles ?), mais comme ils se sont assis sur celui de Manus [1].

De même la comparaison incise peut déterminer une hyperbate plus ou moins forte dans la construction des termes propres ou communs, A. V., VI, 2, 2, *à yám viçán-tíndavo váyo ná vrikshám* ándhasaḥ. Cf. I, 173, 3 ; IV, 31, 13 ; X, 68, 2 et 5 ; 72, 2 ; 91, 7 et *passim*.

Enfin, l'hyperbate peut être à l'intérieur de la comparaison elle-même, I, 33, 2, *úpéd ahám dhanadắm ápratītam* júshãṃṭ *ná çyenó* vasatím *patắmi*. Cf. I, 186, 7.

Les particularités vraiment dignes de remarque commencent quand les termes communs, ou même les termes propres sont construits dans la comparaison, et quand les termes de comparaison ne sont pas aux mêmes cas que les termes propres auxquels ils se rapportent. Enfin, les rapports des termes de comparaison entre eux donneront lieu également à des observations importantes. A ces trois chefs correspondront trois parties distinctes dans le présent mémoire.

I. Construction de termes communs dans la comparaison.

La construction de termes communs dans la comparaison peut n'être, et n'est en effet, le plus souvent, qu'une question d'ordre des mots.

Tel est le cas pour l'épithète commune des deux sujets dans l'exemple suivant :

VII, 22, 1. *píbã sómam indra mándatu tvã yám te*

---

1. M. Ludwig a pensé à ce sens dans son commentaire ; il me paraît absolument sûr.

sushăva haryaçvădriḥ — sotúr băhúbhyāṃ súyato năr-
vă[1]. Cf. III, 2, 11.

Pour le sujet commun dans celui-ci :

V, 36, 2. *ă te hăriū harivaḥ çūra çípre rúhat* sómo nă
párvatasya prishṭhé. Cf. VI, 24, 6.

Pour le régime direct :

IX, 84, 2. *Kṛinvánt saṃcṛitaṃ vicṛitam abhishṭaya
induḥ sishakty* ushásam ná *súryaḥ*. Cf. I, 52, 5 ; IV, 40,
3 ; V, 15, 5 ; IX, 110, 6 ; X, 79, 6.

Pour un régime indirect :

II, 14, 2. *ádhvaryavo yó apó vavṛivăṃsam vṛitrăṃ
jaghánăçănyeva vṛikshám...* Cf. IV, 41, 8.

Pour un génitif, séparé d'ailleurs par hyperbate du
terme, également commun, dont il dépend :

IV, 45, 4. mádhvo ná *mákshaḥ sávanāni gachathaḥ*.

Ce qui prouve bien qu'il ne faut pas chercher l'explication de ces tours dans une construction insolite de *ná*
ou de *iva*[2] en tête de la comparaison, ce sont des exemples comme les suivants, où le terme de comparaison est
construit avant le terme commun suivi lui-même de la
particule comparative.

V, 56, 5. *marútăṃ purutámam ápūrvyaṃ* gávāṃ sár-
gam iva *hvaye*.

VIII, 32, 23. súryo raçmíṃ yáthā *sṛija*[3].

X, 134, 6. *púrveṇa maghavan padäjó* vayáṃ yáthā
yamaḥ[4]. Cf. encore X, 68, 4 ; 127, 4.

Ou comme celui-ci qui oblige à sous-entendre avec un
génitif propre le terme commun exprimé avec un génitif
de la comparaison :

X, 68, 7. *āṇḍéva bhittvă* çakunásya gárbham *úd us-
ríyăḥ* párvatasya *tmánājat*. Cf. IV, 38, 8.

Souvent, c'est le verbe même, c'est-à-dire le terme
essentiellement commun qui est construit dans la com-

---

1. L'épithète *súyatas* « bien conduite » paraît être commune : elle est
le seul trait de ressemblance entre la pierre du pressoir et le cheval.

2. Pour *iva*, qui est sans accent, l'hypothèse semblerait monstrueuse.

3. Sur le sens, voir plus bas, p. 85.

4. Ici le sujet de la comparaison est précédé d'un instrumental appar-
tenant également à la comparaison.

paraison. Dans un bon nombre de cas, on peut hésiter entre cette interprétation et l'hypothèse d'une hyperbate rejetant en dehors de la comparaison, soit l'épithète d'un de ses termes,

IX, 67, 12. *ayám ta āghṛine sutó* ghṛitám *ná pavate* çúci.

Soit, au contraire, un terme annoncé par son épithète,

I, 58, 5. *tápurjambho vána ằ vắtacodito yūthé ná* sāhvắñ *áva vắti* vámsagaḥ. Cf. I, 173, 11 ; V, 7, 7 ; X, 89, 8 [1],

Ou par un génitif qui en dépend,

I, 116, 15. *carítram hí* vér *ivắchedi* parṇám,

Soit enfin un régime indirect :

II, 14, 11. *tám ūrdaraṃ ná priṇatā* yávenéndraṃ só· *mebhis tắd ắpo vo astu.* Cf. VI, 46, 14.

A la vérité, la seconde explication semble bien dure dans les cas où un terme essentiel, le sujet, par exemple, se trouverait ainsi rejeté sans même avoir été annoncé :

V, 51, 7. *sutắ indrāya vāyắve sómāso dádhyāçiraḥ* — *nimnáṃ ná yanti* síndhavaḥ. Cf. III, 1, 4 ; VI, 24, 6.

Mais la preuve qu'elle est possible, même alors, c'est qu'une hyperbate pareille se rencontre pour le régime direct de la comparaison dans des phrases où le verbe ne peut être rapporté qu'au sujet propre [2] :

A. V. VI, 54, 1. *asyá kshatráṃ çríyaṃ mahíṃ* vṛishṭír iva *vardhayā* tṛíṇam. Cf. I, 32, 14.

Il y a cependant des cas où la construction du verbe dans la comparaison est indéniable. C'est quand il a des sujets différents, par le nombre ou par la personne, et qu'au lieu d'être construit avec le sujet propre et sous-entendu avec le sujet de la comparaison, il est, au contraire, construit avec celui-ci :

---

1. Au vers i, 167, 3, un préfixe remplaçant le verbe est placé comme aurait pu l'être le verbe lui-même : *sabhắvatī vidathyèva sáṃ vắk*. On voit aussi un préfixe se détacher du verbe pour entrer dans la comparaison, vi, 57, 5 ; Vāl. 1, 2. Cf. encore vi, 20, 1 ; 34, 4 (plus bas, p. 83, note 2).

2. Il en est de même au vers x, 89, 12, où le terme rejeté par hyperbate est une simple épithète du sujet (voir ci-dessus), et au vers iii, 15, 5, où c'est un accusatif du but.

VIII, 6, 38. *ánu tvā* ródasī ubhé cakrám *ná* varty *étaçam.*

Rien n'est plus clair qu'un pareil tour[1]. Les deux mondes obéissent à Indra comme la roue obéit au cheval Etaça : « obéissent » est sous-entendu et « obéit » est exprimé.

De même, dans la phrase suivante : « Si nous avons trompé comme les joueurs trompent au jeu », entre les deux personnes, c'est la troisième[2] et non la première qui a été choisie :

V, 85, 8. *kitavāso yád* riripúr *ná dīví yád vā ghā satyám utá yán ná vidmá…*

Il arrive même ici que la comparaison a tout absorbé, le pronom « nous » étant sous-entendu et suggéré seulement par ce qui suit. Ce pronom est, au contraire, exprimé dans l'exemple suivant où l'on ne peut guère, à quelque sens qu'on s'arrête pour l'ensemble, méconnaître un nouvel exemple de la construction du verbe avec le sujet de la comparaison[3] :

I, 66, 9. *tám vaç carā́thā* vayám *vasatyā́stam ná* gávo nákshanta *iddhám.*

Enfin, un pronom relatif représentant le sujet propre peut être lui-même attiré, en même temps que le verbe, au nombre du sujet de la comparaison :

I, 190, 2. *tám ritvíyā úpa* vācah *sacante* sárgo *ná* yó *devayatắm* ásarji.

Une autre explication, beaucoup plus simple à première vue, de ce tour, consisterait à faire porter le relatif sur *sárgas ;* mais je ne sais s'il y a un seul exemple dans la langue védique d'une proposition relative ainsi rattachée à un terme de comparaison[4]. Au contraire, l'ana-

---

1. M. Ludwig fait intervenir ici sa théorie de l'infinitif antérieur au verbe personnel : *varti* serait une forme de ce genre.

2. Nouvel infinitif dans la théorie de M. Ludwig.

3. M. Ludwig, dans son commentaire, paraît la reconnaître implicitement. Ou bien *nákshante* serait-il aussi, selon lui, un infinitif ?

4. Au vers IX, 97, 46, une formule presque identique s'explique sans difficulté, le sujet propre étant au même nombre. La construction du pronom relatif, par simple hyperbate, au milieu des termes de la

logie des constructions précédentes paraît fournir une explication satisfaisante de celle-ci : *ásarji* construit avec *sárgas*, et *yás* au lieu de *yás* par attraction.

La même analogie peut rendre compte de la prière suivante aux Maruts ; on y remarque seulement une particularité nouvelle, la répétition du verbe à la personne et au nombre exigés par le sujet propre, après qu'il a été construit une première fois avec le sujet de la comparaison :

VII, 58, 3. *gató nádhvā* ví tirāti *jantúm prá ṇah spārhábhir ütíbhis* tireta.

Ici encore, il ne faut pas se laisser tromper à l'apparence et admettre, contre toute analogie, une comparaison en deux propositions, qui serait possible seulement avec *yáthā*. Cf. encore VI, 50, 10 et VIII, 12, 5.

Remarquons à ce propos que la répétition d'un terme commun déjà construit une première fois dans la comparaison se rencontre, non seulement pour le verbe, mais par exemple pour un régime direct :

I, 130, 4. *táshṭeva* vṛikshám vaníno *ní vríçcasi.* Cf. I, 67, 5 ; X, 31, 9.

Comme le verbe personnel, un participe ou un adjectif servant d'attribut commun a pu être construit au nombre du terme de comparaison :

VIII, 20, 20. *sāhá yé* sánti mushṭihéva hávyo *víçvāsu pritsú hótrishu* (les Maruts).

Il a pu l'être aussi avec le genre du même terme :

I, 163, 11. *táva çárīram patayíshnv àrvan táva* cittám váta *iva* dhrájīmān. Cf. II, 11, 1.

Je n'insiste pas sur ces derniers tours où l'adjectif ou participe peut aussi être rapporté comme simple épithète au terme de comparaison. Il n'en est pas moins vrai que, pour l'esprit, il reste attribut, et attribut commun [1].

Citons encore dans le même ordre d'idées une épithète commune construite avec un terme de comparaison

comparaison, se rencontre assez souvent, i, 73, 2 ; ix, 97, 48 (et 46) ; x, 95, 10 ; ajoutez vi, 20, 1 ; 34, 4, (plus bas, p. 83, note 2).

1. Voir, d'ailleurs, plus bas, p. 95, le vers viii, 91, 15.

neutre et sous-entendue avec un terme propre féminin, ce qui ne l'empêche pas de gouverner un complément propre, en même temps qu'un complément de comparaison :

X, 68, 10. himéva parṇā mushitā *vánāni* bṛíhaspáti-nā*kṛipayad való* gāḥ.

Ainsi, la construction de termes communs dans la comparaison peut avoir lieu même quand ils doivent être sous-entendus à un autre genre, à un autre nombre, et les verbes à une autre personne, avec les termes propres. Si c'est le cas le moins fréquent, c'est pourtant le plus caractéristique.

On a vu que les exemples où l'ordre des mots est seul en jeu peuvent souvent et doivent quelquefois s'expliquer par une pure hyperbate. Ajoutons, pour terminer, que l'effet de l'hyperbate peut être d'enclaver en apparence dans la comparaison, non plus seulement un terme commun, mais un terme propre :

VIII, 92, 7. *áçvaṃ ná* gīrbhí *rathyàṃ sudānavo marmṛijyánte devayávaḥ*. Cf. I, 59, 1.

Les pronoms, en particulier, se rencontrent construits ainsi :

VII, 3, 6. *divó ná* te *tanyatúr eti çúshmaḥ*. Cf. VI, 24, 3 [1].

Le verbe se trouve intercalé dans la comparaison en même temps que le régime propre dans l'exemple suivant :

I, 52, 7. *hradáṃ ná hí* tvā nyṛishánty *ūrmáyo bráh-mānīndra táva yūni várdhanā*.

Ce degré d'hyperbate tourne à l'amphigouri [2]. Le rejet du sujet de la comparaison après le régime direct propre ne produit pas un effet moins étrange.

IV, 16, 13. *pañcāçát kṛishṇā ní vapaḥ sahásrā*tkaṃ ná *púro* jarimā *ví dardaḥ*.

Hâtons-nous d'ajouter que l'amphigouri dans les com-

___

1. Avec la correction très vraisemblable *ná* pour *nú*.

2. Cf. la construction déjà signalée (p. 81, note 4), d'un pronom relatif dans la comparaison, et surtout les vers VI, 20, 1 et 34, 4, où le pronom relatif (la conjonction dans le second exemple) s'y trouve intercalée en même temps qu'un ou deux préfixes annonçant le verbe.

paraisons[1] n'est qu'un cas particulier de l'amphigouri védique. En voici un exemple dans une phrase où le terme sorti du groupe de mots auquel il appartient est le sujet d'une proposition principale, égaré dans une proposition subordonnée :

VII, 43, 1. *prá vo yajñéshu devayánto arcán dyávā námobhiḥ pṛithiví ishádhyai — yéshām bráhmāṇy ásamāni* víprā *víshvag viyánti vaníno ná çákhāḥ.*

II. Concordance imparfaite des termes de comparaison et des termes propres.

Disons d'abord que la concordance entre les termes de comparaison et les termes propres, là même où elle est respectée, est quelquefois très artificielle. Ainsi, le rapport exprimé par deux cas semblables peut être fort différent dans le terme propre de ce qu'il est dans le terme de comparaison. Tels les deux locatifs d'une phrase où l'éloge adressé « à Agni » est comparé au soleil montant « dans le ciel ».

V, 1, 12. *gávishṭhiro námasā stómam* agnaú divíva *rukmám uruvyáñcam açret.* Cf. X, 68, 8.

La langue védique exprime par un même verbe l'idée de dénouer un nœud et de délier un prisonnier, par un autre celle de tenir les rênes et de tenir en bride des chevaux, ou au figuré des races, par un troisième celle de « ployer » en cercle la jante d'une roue et celle d' « incliner » un dieu vers ses suppliants ; il n'en est pas moins bizarre que des régimes directs construits dans des rapports si différents avec le verbe soient comparés entre eux :

X, 143, 2. *dṛiḷhám* granthím *ná ví shyatam* átriṃ *yávishṭham á rájaḥ.*

I, 141, 11. *raçmíñr iva yó yámati jánmanī ubhé.*

---

1. Voir encore i, 39, 1, où la construction du terme propre et celle du terme de comparaison paraît purement et simplement renversée.

VII, 32, 20. *à va* índram *puruhútàṃ name girá* ne-
mím *táshṭeva sudrvàm.* Cf. VIII, 64, 5.

On rencontre dans l'Atharva-Veda, I, 11, 6, un abus
analogue des deux sens de la racine *pat,* « voler » et
« tomber ».

Dans les exemples suivants, le poète abuse des sens
différents d'un même préfixe :

A. V. VI, 12, 1. pári dyám *iva súryó'* hīnām jánim*āga-
mam.*

VIII, 66, 3. sám *it* tán *vṛitrahǎkhidat* khé aráǎ *iva
khédayā.*

Remarquons à ce propos que le mot *raçmí,* signifiant
proprement « rêne », et par métaphore « rayon du soleil », est pris comme terme commun d'une comparaison
entre Indra « lâchant les rênes » de ses chevaux et le
soleil « dardant ses rayons » : VIII, 32, 23. *súryo* raçmím *yáthā* srijá *tvā yachantu me gírah.* On pourrait
citer encore, entre autres jeux de mots devenus un pré-
texte à comparaisons, les nombreux passages où le même
terme désigne l'arbre sur lequel perche l'oiseau, et le bois
où s'allume Agni, I, 66, 2 ; X, 91, 2 ; 115, 3, ou bien la
cuve de bois où coule le soma, IX, 57, 3 ; 96, 23, cf. 33,
1, et vers laquelle s'élancent les dieux auxquels il est
destiné, VIII, 35, 7.

Un autre genre de concordance imparfaite ou artificielle
est celui que les ṛishis établissent entre le contenant et le
contenu :

I, 130, 2. *píbā* sómam *indra suvānám ádribhiḥ kóçena
siktám avatáṃ ná vámsagaḥ.*

Entre la matière première et le produit :

IV, 22, 8. *pípiḷé* aṃçúr *mádyo ná síndhuḥ.* Cf. VII,
68, 8.

Entre le concret et l'abstrait :

IX, 70, 6. nǎnadad eti *marútām iva* svanáḥ (Soma).
Cf. I, 100, 13 ; III, 54, 14.

Ce rapport a été méconnu au vers VII, 56, 8, où les
cœurs irritables des Maruts sont comparés à l'ascète[1]

---

1. Quoi qu'en dise M. Roth, suivi par M. Grassmann, le sens

furieux (dont on a troublé les méditations) : *çubhró vah
çúshmah* krúdhmī *mánāmsi dhúnir múnir iva çárdhasya
dhrishnóh.*

Il est particulièrement choquant au vers IX, 88, 5, où
on attendrait le génitif au lieu du nominatif : jáno ná
yúdhvā *mahatá upabdíh.*

Même observation sur le rapport du tout et de la
partie au vers I, 58, 2 : átyo *ná prishtám prushitásya
rocate.*

Dans un ordre d'idées tout différent, on peut relever
aussi comme exemples d'une concordance purement artificielle les phénomènes d'attraction tels que la construction parallèle de deux accusatifs, dont l'un, le terme de
comparaison, ne dépend pas réellement pour le sens du
verbe qui gouverne le terme propre. Ainsi, on loue « le
jeune dieu » (Rudra) terrible comme une bête fauve ;
mais on ne louerait pas « la bête fauve » ; les deux mots
n'en sont pas moins construits également à l'accusatif :

II, 33, 11. stuhí *çrutám gartasádam* yúvānam mrigám
ná bhīmám *upahatnúm ugrám.*

Ici, d'ailleurs, il s'agit d'une *particularité* qui ne peut
à aucun égard passer pour une *irrégularité.* La langue
védique ne paraît pas connaître d'autre construction pour
les cas de ce genre, cf. I, 131, 2 ; VII, 85, 1 ; VIII, 77,
2, etc., et elle n'est pas moins ordinaire en sanscrit classique.

On trouve même, mais exceptionnellement, le terme
de comparaison attiré au vocatif par le terme propre :

I, 30, 21. *vayám hi te ámanmahy ántād á parākát*
— áçve ná citre arushi (l'aurore). Cf. I, 57, 3.

De la concordance artificielle nous passons au défaut
de concordance.

Dans les cas où deux constructions sont possibles pour
exprimer le même rapport, on rencontre souvent l'une

---

d' « impétuosité » est une hypothèse sans fondement. Le sens de
« silence », supposé par M. Ludwig, en est une autre. Les *munis* sont
célébrés dans un autre hymne du Ṛig-Veda, x, 136. L'hyperbate qu'il
faut admettre dans mon interprétation n'est pas plus forte que beaucoup d'autres, par exemple celle de Á. V, vi, 2, 2.

pour le terme propre, l'autre pour le terme de comparaison :

V, 1, 4. agním áchā *devayatắṃ mánāṃsi cákshūṃshīva* sū́rye *sáṃ caranti*. Cf. I, 30, 4 ; 57, 2 ; II, 16, 1 ; V, 43, 7 ; VII, 43, 3 ; 103, 7.

Il faut signaler à part les tours où la comparaison est exprimée par une sorte de locatif absolu en regard d'une construction des termes propres avec un verbe personnel :

I, 181, 8. *vŕishā vāṃ meghó vrishaṇā* pīpāya gór ná séke *mánusho daçasyán*. Cf. IX, 47, 5 ; A. V. XII, 1, 18.

La concordance fait également défaut, pour des raisons diverses, dans les comparaisons suivantes où nous nous contentons de signaler les termes qui se répondent pour la signification, sans se répondre pour la construction :

I, 83, 1. *tám ít priṇakshi* vásunā *bhávīyasā síndhum* ā́po *yáthābhíto vícetasaḥ*.

I, 84, 1. *ā́ tvā priṇaktv* indriyám *rájaḥ sū́ryo ná* raçmíbhiḥ.

I, 185, 2. *nítyaṃ ná sūnúṃ* pitrór *upásthe* dyā́vā *rákshataṃ* prithivī *no ábhvāt*.

I, 187, 11. *tám tvā vayáṃ pito* vácobhir gā́vo *ná havyā́ sushūdima*.

IV, 31, 4. *abhí na ā́ vavritsva cakrám ná vrittám* árvataḥ — niyúdbhiç *carshaṇīnám*.

Voici, dans le même ordre d'idées, un tour des plus bizarres :

VI, 3, 4. *vijéhamānaḥ* paraçúr *ná* jihvám (Agni).

Le mot *paraçú* « hache » est au nominatif, apparemment parce que la langue du feu comparée à une hache n'est autre que le feu lui-même.

Dans tous ces exemples, si la symétrie est violée (et dans le dernier, en apparence, aussi le sens commun), la syntaxe est respectée en somme. Il reste toujours possible de faire un « mot à mot » tel quel. La double construction des noms d'agent avec le génitif ou l'accusatif peut aussi rendre compte de ceux-ci :

II, 23, 2. usrá iva *súryo jyótishā mahó víçveshām íj* janitá bráhmaṇām *asi.*

X, 22, 3. bhartá vájrasya *dhṛishṇóḥ pitá* putrám *iva priyám.*

Mais les observations qui vont suivre montreront qu'il pourrait bien aussi n'exister aucun rapport syntactique entre les noms d'agent *janitá, bhartá,* et les accusatifs construits comme termes de comparaison.

On ne peut nier, en effet, que l'anacoluthe, dont on trouverait des exemples dans toutes sortes de constructions védiques, ne soit particulièrement fréquente dans les comparaisons. Il est vrai que souvent l'anacoluthe s'explique par l'introduction, en quelque sorte mécanique, d'une formule toute faite. Mais justement, pour le second au moins des exemples cités, il ne serait pas difficile de signaler les éléments d'une formule pareille dans plus d'une comparaison avec le père, I, 38, 1 ; X, 69, 10, cf. VI, 16, 40, ou la mère, VI, 75, 4, portant son fils (à l'accusatif) dans ses bras.

Quoi qu'il en soit, aucun doute ne peut subsister sur des passages tels que ceux-ci :

VIII, 81, 12. *vayám u* tvā *çatakrato* gávo ná yávaseshv á — *ukthéshu raṇayámasi.* — Il aurait fallu un accusatif, *gás,* dépendant comme *tvā* du verbe causal *raṇayámasi.* Mais le nominatif, *gávas,* était donné par les formules construites avec le verbe simple, I, 91, 13 : *sóma* rārandhí *no hṛidi* gávo ná yávaseshv á. (Cf. V, 53, 16 ; X, 25, 1.)

VI, 49, 12. *sá pispṛiçati tanvì çrutásya* stríbhir ná nákam *vacanásya vípaḥ.* La formule *stríbhir ná nákam,* (cf. *dyaúr ná stríbhiḥ,* II, 2, 5 ; 34, 2 ; I, 166, 11, et à l'accusatif, IV, 7, 3 et I, 68, 10) n'est pas construite avec le verbe *pispṛiçati,* mais avec l'idée d' « être paré » qu'implique l'ensemble de la phrase.

I, 39, 9. *ásāmi hí prayajyavaḥ kánvam dadá pracetasaḥ — ásāmibhir maruta á na* ūtíbhir gántā vṛishṭím ná vidyútaḥ. Il suffit de comparer le vers IX, 100, 3, *tvám* dhíyam *manoyújam* sṛijá vṛishṭím ná tanyatúḥ, pour comprendre qu'il ne s'agit pas ici d'éclairs « allant vers

la pluie », mais d'éclairs « donnant la pluie ». Pour que
la construction fût régulière, au lieu de « venez avec des
secours », il faudrait « donnez-nous votre secours ». On
remarquera que le verbe « donner » est justement exprimé dans la proposition précédente [1].

X, 142, 2. *prá sáptayaḥ prá sanishanta no dhiyaḥ
puráç caranti paçupá iva tmánā*. Le berger ne marche
pas d'ordinaire, que je sache, en tête du troupeau. Le
terme de comparaison sujet est donc construit, non avec
le verbe « aller » exprimé, mais avec un verbe « en-
voyer » qui est dans l'esprit. Cf. la formule du vers I,
114, 9, *úpa te stómān paçupá iväkaram*. Le terme « berger » implique la comparaison des hymnes à des vaches.

X, 40, 6. *yuvór ha mákshā páry açvinā mádhv āsú
bharata* nishkṛitám ná yóshaṇā. La formule *nishkṛitám
ná yóshaṇā* était donnée par les phrases qui contiennent
un verbe signifiant « aller », X, 34, 5, cf. IX, 93, 2 et I,
123, 9 ; IX, 69, 4 ; 86, 32 [2]. Elle est introduite ici dans
une nouvelle phrase où l'idée d'aller n'est pas exprimée,
mais seulement suggérée par l'expression d'une autre
action.

I, 132, 5. *índra okyàm didhishanta dhītáyo* deváü
áchā ná dhītáyaḥ. La formule de comparaison est rapportée ici encore à un verbe « aller » simplement suggéré,
tandis qu'il est exprimé par exemple au vers I, 139, 1.

VIII, 32, 23. *súryo raçmím yáthā srijä tvā yachantu
me girah* — nimnám ápo ná sadhryàk [3]. Formule justifiée
au vers IV, 47, 2, *yuväm hí yántíndavo nimnám ápo
ná sadhryàk*, et formant ici une anacoluthe, même si
l'on rapporte aux chants la comparaison avec les eaux qui
suivent leur pente. Mais il se pourrait aussi que la com-

1. Je suis d'accord pour le sens avec M. Ludwig (dans son commentaire).

2. C'est ce qui nous interdit de supposer pour le mot *nishkṛitám*
« rendez-vous », le sens de « nourriture préparée » que lui donne
M. Ludwig. — La « mouche » qui apporte aux Açvins un doux breu-
vage « dans sa bouche » est naturellement le prêtre qui leur offre son
hymne de louange et qui « arrive comme une femme au rendez-vous. »

3. Sur la première comparaison, voir plus haut, p. 85.

paraison portât sur Indra, qui descend conduit par les chants. Cf. I, 83, 2 ; 181, 3.

Au vers VIII, 3, 23, *yásmā anyé dáça práti* dhúram váhanti *váhnayaḥ* — ástam váyo ná túgryam, c'est bien le verbe *vah* qui convient à la formule, comme on le voit par un autre passage, VIII, 63, 14 : *suráthāso abhí práyo* vákshan váyo ná túgryam. La construction n'en forme pas moins anacoluthe puisqu'il s'agit, d'un côté de « porter le joug », de l'autre de « porter quelqu'un dans sa maison ». Le passage aurait pu être rangé au nombre des cas de symétrie artificielle. L'existence constatée de la formule *váyo ná túgryam* m'a déterminé à le placer ici.

Un cas analogue est celui du vers VI, 75, 4, *té ácárantī* sámaneva yóshā (les deux bouts de l'arc). La formule se retrouve par exemple au vers IV, 58, 8 : *abhí pravanta* sámaneva yóshāḥ *kalyānyàḥ smáyamānāso agnim*. Le premier passage cloche en ce qu'une comparaison applicable à l'un des deux individus d'un couple est appliquée au couple lui-même.

Les bouts de l'arc eux-mêmes figurent dans une formule de comparaison qui est construite à peu près[1] régulièrement au vers X, 166, 3, *átraivá vó' pi* nahyāmy ubhé ártnī iva jyáyā, mais qui reparaît au vers I, 1, 3, de l'Atharva-Veda dans un véritable galimatias : *ihaívábhí ví* tanūbhé ártnī iva jyáyā—*vācáspátir ní yachatu máyy evástu máyi çrutám*. Le suppliant demande à Vācaspati de lui assurer la connaissance des formules efficaces. Le dieu doit la fixer[2] chez lui, l'y attacher « comme les deux bouts de l'arc avec la corde ». Seulement, au lieu d'exprimer l'idée de « lier », le poète a exprimé celle de « tendre » qui ne conviendrait qu'à la corde elle-même[3].

---

1. A peu près, parce que le duel de la comparaison n'est pas du tout appelé par le terme propre.

2. *ní yachatu*. M. Weber (*Indische Studien*, IV, p. 393) donne à cette expression, comme à *ní ramaya* au vers précédent, un sens neutre qui paraît incompatible à la fois avec leur forme et avec leurs autres emplois.

3. M. Weber (*ibid.*) introduit l'idée de « bras » : « Etends ici tes

L'anacoluthe n'est trahie que par un terme additionnel au vers X, 62, 9 : *ná tám açnoti káç caná divá iva sånv* ārábham. L'infinitif accusatif *ārábham* ne s'explique que par l'idée de « pouvoir », exprimée au vers IX, 73, 3, *dhírā íc* chekur *dharúneshv* ārábham, mais seulement suggérée ici par le verbe *açnoti*.

Au vers VIII, 43, 32, *sá tvám agne vibhăvasuḥ* srijánt súryo ná raçmíbhiḥ — *çárdhan támāṃsi* jighnase, *sriján* faisait attendre *raçmín*[1], cf. VIII, 32, 23, et *raçmíbhis* est dû sans doute à la formule toute faite *súryo ná raçmíbhiḥ*, I, 84, 1 ; IX, 41, 5 ; il pourrait cependant s'expliquer aussi comme construit avec *jighnase* (*raçmín* étant sous-entendu avec *sriján*).

Au contraire, l'anacoluthe passe la mesure dans l'exemple suivant :

I, 30, 2. *çatáṃ vā yáḥ çúcīnāṃ sahásraṃ vā sámāçirām — éd u* nimnám ná rīyate. Ici, c'est le verbe même qui est emprunté à des formules connues, X, 40, 9, *åsmai* rīyante *nivañéva sindhavaḥ,* cf. I, 85, 3, et construit, sans aucun souci de la syntaxe, à la fin d'une proposition dont l'accusatif devrait être son sujet, et le nominatif son régime au datif ou à l'accusatif du but[2].

L'influence des formules est tout particulièrement visible quand elle s'exerce d'une stance à la stance suivante :

X, 10, 7. *vi cid* vriheva ráthyeva cakrá. — 8. *téna ví* vriha ráthyeva cakrá[3].

Ou même à la stance précédente :

bras comme ceux de l'arc avec la corde ». Ce n'est qu'un expédient. Mieux vaudrait encore séparer le second pāda du premier et le joindre au troisième. Mais il semble bien que l'idée de ce second pāda a plus de rapports avec la racine *tan* qu'avec la racine *yam*.

1. M. Grassmann et M. Ludwig admettent ici une construction de *srij* avec l'instrumental ; ce n'est encore qu'un expédient.

2. M. Ludwig a très bien vu la vraie construction. M. Grassmann s'est arrêté à l'hypothèse invraisemblable d'un emploi transitif du verbe *á rīyate*.

3. On ne voit pas bien ce que M. Ludwig gagne à décomposer *vriheva* en *vriha iva* dans la première stance, où précisément le verbe au duel justifie le terme de comparaison au duel. Cf. plus haut VI, 75, 4, p. 90 et note 1.

X, 69, 5. çúra *iva dhṛishṇúç cyávanaḥ sumitráḥ prá* *nú vocaṃ* vắdhryaçvasya *nắma.* — 6. çúra *iva dhṛish-* *ṇúç cyávano jánānāṃ* tvắm *agne pṛitanāyúñr abhí shyāḥ.*

Mais même en l'absence de formule connue, on ne doit pas craindre d'admettre des anacoluthes du même genre. D'abord la formule peut avoir été en usage et ne nous être pas conservée. Ensuite, il ne faut pas méconnaître les droits de la fantaisie individuelle. L'anacoluthe, en effet, s'explique par la syllepse autant que par l'abus des formules.

Ainsi, au vers I, 180, 9, *prá yád váhethe mahinā rá-* *thasya prá syandrā yātho* mánusho ná hótā, je suis très tenté de croire que la comparaison *mánusho ná hótā*, « comme le hotar de Manus » (et non « de l'homme ») se rapporte à l'idée suggérée : « Puissé-je vous faire descendre à mon appel ! »[1] Il est probable qu'on trouverait dans cette voie la clef de bien d'autres difficultés d'interprétation.

III. RAPPORT DES TERMES DE COMPARAISON ENTRE EUX.

Les termes essentiels de la comparaison étant construits en principe avec le verbe commun, il n'est question ici que des rapports possibles entre un de ces termes essentiels et un terme accessoire qui devrait être régi par lui au génitif, ou l'accompagner en qualité de complément circonstanciel, à l'instrumental par exemple[2]. On va voir[3] que ce terme, au lieu d'être construit dans une

---

1. Cf. ı, 59, 4, qui pourrait peut-être s'expliquer dans le même ordre d'idées. Signalons surtout dans l'Atharva-Veda le vers ııı, 30, 7, devắ *ivāmṛítaṃ rákshamānāḥ sāyámprātaḥ* saumanasó vo astu. Je crois que la comparaison porte uniquement sur *saumanasás*, et qu'on ne doit pas sous-entendre *sta*, comme le propose M. Weber (*Indische Studien*, xvıı, p. 309.) Il faudrait régulièrement *devắnām*, etc.

2. L'adjectif construit comme épithète ne donne lieu à aucune observation particulière.

3. J'ai déjà traité une première fois ce sujet dans la *Revue critique* du 11 décembre 1875, p. 376.

dépendance plus ou moins étroite du terme essentiel,
est souvent au même cas que lui.

La plupart des faits, et surtout les plus clairs peuvent
être ramenés à la formule suivante :

Deux termes de la comparaison, qui auraient pu être
choisis à peu près indifféremment pour être construits,
l'un à un cas donné, comme correspondant à un terme
propre (et devenant ainsi le terme essentiel), le second à
un autre cas (et devenant ainsi le terme accessoire), sont
construits tous les deux au cas donné[1]. Quelquefois le
nombre des termes ainsi construits parallèlement, quoique leur sens paraisse impliquer des relations différentes,
s'élève jusqu'à trois.

Parmi les formules répondant à la condition indiquée,
on peut citer d'abord la combinaison d'un mot exprimant l'idée de « troupe » avec un autre mot désignant

---

1. Il ne faut pas confondre cette construction avec l'apposition proprement dite, où l'esprit même ne conçoit aucun rapport de dépendance entre les termes construits au même cas. L'apposition est fréquente dans les comparaisons, et les deux termes apposés sont presque
toujours à peu près synonymes, I, 66, 1 ; 70, 11 ; v, 79, 9 ; I, 62, 10 et
186, 7 ; IX, 68, 1 et x, 95, 6 ; I, 32, 2 ; A. V., XII, 3, 37, (contre *vājín*
simple épithète de *áçva*, III, 29, 6 ; VI, 67, 4 ; VII, 7, 1 ; 41, 6 ; 70, 1 ; 104,
6 ; IX, 87, 1 ; x, 143, 2 ; A. V., III, 16, 6, ou de *átya*, I, 130, 6 ; 135, 5 ;
III, 38, 1 ; v, 30, 14 ; IX, 6, 5 ; 93, 1 ; 96, 15, et *sápti*, épithète des
mêmes mots, III, 22, 1 ; VI, 59, 3 ; x, 6, 2, voir, outre les emplois de
l'un et de l'autre comme substantifs, le vers IX, 96, 9, où ils sont
apposés l'un à l'autre de la même manière ; voir aussi mes *Etudes sur le
lexique du Rig-Veda*, sous *átya*). Souvent ils le sont tout à fait, et
forment un véritable pléonasme, I, 59, 1 ; x, 95, 3 ; A. V., I, 3, 8 ; v,
20, 10, et surtout II, 39, 5, akshí *iva* cákshushā *yātam arvāk* (l'hypothèse d'un *cákshus* adjectif n'est justifiée par aucune des citations de
M. Roth et de M. Grassmann ; toutes s'expliquent par les rapports mythiques de l'œil avec le soleil). — On trouve aussi plus d'une fois deux
mots au même cas, non plus en apposition, mais comme constituant
deux comparaisons différentes avec une seule particule comparative, II,
34, 6 ; IV, 52, 2 ; IX, 41, 5 ; x, 49, 6 ; 178, 3 ; A. V., III, 11, 8, (rappro-
chez au vers VIII, 3, 16, trois comparaisons avec deux particules seulement, et opposez les cas où la particule comparative est répétée deux fois
avec deux termes d'une même comparaison, I, 61, 4 ; 85, 8 ; 116, 23 ;
124, 7 ; 183, 5 ; IV, 1, 19 ; VI, 16, 40 ; VII, 24, 5 ; 76, 3 ; 89, 2 ; x, 77, 4 ;
93, 12 ; A. V. xx, 127, 4, ou même avec un seul, IX, 64, 7.) — Il n'est
d'ailleurs pas impossible que ces constructions aient contribué par une
analogie lointaine, ou même purement extérieure, à la formation du type
que nous allons étudier.

les êtres qui composent la troupe. Il est clair que les Maruts pouvaient être comparés à volonté à des « troupes d'oiseaux » ou à des « oiseaux en troupes »[1]. Le mot « troupes » et le mot « oiseaux » sont construits parallèlement au nominatif[2] dans l'exemple suivant :

V, 59, 7. váyo ná yé çréṇīḥ paptúr ójasántān divó bṛihatáḥ sánunas pári.

La même construction se rencontre au vers VIII, 85, 8, usrắ iva rắçáyaḥ « comme des troupeaux de bœufs rouges »[3], et probablement aussi au vers VIII, 46, 30, gắvo ná yūthám « comme un troupeau de bœufs » ou de « vaches »[4]. Il n'est pas impossible[5] que la locution yūthéva paçváḥ (toujours à l'accusatif), IV, 2, 18 ; V, 31, 1 ; VI, 19, 3, ait la même origine.

Le même hymne V, 59, auquel a été emprunté l'exemple indiscutable váyo ná çréṇīḥ, présente, au vers 3, un autre exemple, non moins évident, d'une construction analogue. Les brillants Maruts pouvaient être comparés au soleil, ou, ce qui revenait au même, à l'œil du soleil (cf. vers 5 et passim); le mot « soleil » et le mot « œil » sont construits parallèlement au nominatif : sắryo ná cákshuḥ[6]. Le « souffle du vent » est exprimé de la même manière au vers I, 34, 7 : ắtméva vắtaḥ[7].

Dès lors, il n'y a pas de difficulté à entendre la com-

---

1. Cf. pour cette dernière construction, i, 163, 10 ; iii, 8, 9.

2. Selon M. Ludwig, çréṇīḥ serait pour çrényaiḥ (?).

3. La traduction de M. Ludwig « wie stralenhaufen » suppose notre construction, mais elle n'est accompagnée d'aucune note. L'hypothèse d'un usrắ adjectif devient ainsi inutile ; dans tous les autres passages pour lesquels M. Roth et M. Grassmann l'ont proposée, le mot est appliqué à des dieux, par une métaphore banale dans les hymnes.

4. Les vádhrayaḥ seraient des chevaux hongres donnés au prêtre par son patron et nombreux (ou dociles ?) comme un troupeau de bœufs. La construction de M. Ludwig semble impossible, et celle de M. Grassmann peu satisfaisante pour le sens.

5. La raison de douter est que paçvás peut être aussi un génitif.

6. M. Ludwig traduit bien, comme M. Grassmann, « wie der sonne auge », mais sans donner d'explication.

7. L'expression se retrouve, d'ailleurs, sans comparaison, au vers x, 92, 13 ; cf. encore kshắma budhnám, iv, 19, 4.

paraison *svàr ná jyótih*, appliquée à Agni, IV, 10, 3, en ce sens : « comme la lumière du soleil » ou « du ciel »[1].

Il devient aisé aussi de traduire, au vers IX, 54, 2, adressé à Soma, la formule : *ayám súrya ivopadŕik*. Elle signifie à volonté, « il est comme l'aspect du soleil »[2], ou « il est comme le soleil par son aspect ». Les deux mots sont au même cas, comme dans les exemples précédents. Cette formule se retrouve, avec la complication d'une épithète commune rapportée au terme de comparaison, au lieu de l'être au terme propre[3], dans ce vers d'un hymne à Agni :

VIII, 91, 15. padám *devásya míḷhúshó 'nādhṛish-ṭābhir ūtíbhiḥ* — bhaḍrá súrya ivopadṛík.

Ici l'épithète *bhadrá* construite avec *upadṛik* ne laisse pas le choix entre les deux explications. La formule est pour *súryasya ... upadṛík*[4].

Le courant est aux rivières ce que l'éclat est au soleil. On ne s'étonnera donc pas de voir le nom désignant la « rivière » ou les « eaux » et celui qui exprime le « courant » construits parallèlement au même cas, soit au nominatif, dans la comparaison *síndhur ná kshódah*, quatre fois répétée[5], et appliquée à Agni, I, 65, 6 ; 66,

---

1. La traduction de M. Ludwig « liecht wie *svar* » ne fait que mettre en évidence la bizarrerie de la construction, sans en rendre compte. — Au vers VI, 34, 4, où Indra, dans le ventre duquel entre le soma, est comparé au ciel où le soma prend également place, uni à la clarté de la lune, nos rapprochements permettent de prendre *árc* (*arcéva mãsã*) comme un substantif abstrait, ce qui est plus conforme à l'usage des mots formés uniquement de la racine.

2. La traduction de M. Ludwig, « er ist ein anblick wie die sonne », paraît ici encore plus forcée. Sur le choix « à peu près » indifférent du concret ou de l'abstrait, voir plus haut, p. 85.

3. Voir plus haut, p. 82.

4. Cf. la comparaison *súro ná saṃdṛik*, également appliquée à Agni, I, 66, 1, si *súras* est là le génitif de *svàr*. Car nos rapprochements mêmes prouvent qu'il pourrait être aussi le nominatif de *súra*.

5. M. Ludwig, lui-même, traduit le quatrième passage (et paraît entendre aussi le premier, cf. le commentaire de I, 180, 4), en faisant de *kshódas* l'équivalent d'un instrumental, sauf à présenter aussi la bizarre hypothèse d'un thème en *ri* dont *síndhus* serait le génitif. La construction qu'il adopte pour les deux autres paraît assez forcée, et l'analogie des précédents doit la faire écarter.

10, à l'aurore, I, 92, 12, et à Brahmanaspati, II, 25, 3, soit à l'accusatif dans *apó ná kshódah*[1], I, 180, 4. L'Atharva-Veda présente une construction analogue :

III, 29, 6. *íreva nópa dasyati* samudrá iva páyo mahát[2].

Dans tous ces exemples, on peut à volonté considérer le premier nominatif ou accusatif comme l'équivalent d'un génitif, ou le second comme l'équivalent d'un instrumental. La seconde interprétation paraît seule convenir à la comparaison suivante du Rig-Veda, appliquée aux deux Açvins, et où le mot « rivière » est construit au duel[3] :

II, 39, 5. *vátevájuryá* nadyèva rītíh.

Citons encore dans le même ordre d'idées :

I, 143, 3. *bhátvakshaso áty* aktúr ná síndhavo *'gné rejante ásasanto ajáráh*.

Je crois avec M. Kægi (*Siebenzig Lieder des Rigveda*, p. 101), quel que soit d'ailleurs le sens exact de l'expression[4], que *síndhavas* est l'équivalent d'un génitif dépendant de *aktús* (cf. *aktúr apám*, II, 30, 1), mais non pas qu'il soit une forme réelle de génitif pour *síndhvas*[5]. Les deux mots, unis pour l'esprit par un rapport de dépendance, sont construits parallèlement au même cas.

Après le courant, ou tout autre attribut des rivières, la course, l'élan des chevaux. Même construction parallèle

---

1. Voir la note précédente. L'hypothèse d'un génitif singulier de *áp* devient ainsi inutile. Tous les autres exemples qu'en cite M. Grassmann sont très douteux, et l'instrumental *apá* lui-même disparaîtrait des vers VIII, 4, 3, par une correction très simple, *apákritam* « écarté », au lieu de *apá kritám*, expression de toute façon fort étrange. En somme, l'existence d'un singulier de *áp* paraît très contestable.

2. M. Weber (*Indische Studien*, XVII, p. 305) fait bien de *páyas* une apposition à *samudrás* ; mais c'est, comme on voit, une apposition *sui generis*. Du reste, on en trouve d'analogues sans comparaison, R. V., VIII, 12, 3.

3. M. Ludwig, après avoir fait d'abord de *nadyá* un instrumental, reconnaît dans son commentaire qu'il serait plus naturel d'en faire un nominatif duel (c'est aussi l'interprétation de M. Grassmann dans son lexique). Mais il ne sort pas de la difficulté créée par les deux nominatifs. Cette difficulté nous paraît maintenant levée.

4. Voir mes *Etudes sur le lexique du Rig-Veda*, sous le mot *aktú*.

5. Je m'associe sur ce point à l'observation de M. Ludwig.

du concret et de l'abstrait. Soma se précipite comme Etaça (le cheval divin) dans son élan :

IX, 16, 1. Sárgo ná *takty* étaçah.

L'abstrait est en outre accompagné d'une épithète au même cas dans cet autre exemple :

IX, 87, 7. *eshá suvānáh pári sómah pavítre* sárgo ná srishtó *adadhāvad* árvā [1].

Ou dans celui-ci, qui est une comparaison des rivières avec les cavales ; un verbe de mouvement est sous-entendu, comme souvent, avec *prá*, et l'abstrait a une seconde épithète construite avec hyperbate [2].

VII, 87, 1. *prarnámsi samudríyā nadīnām* — sárgo ná srishtó árvatīr ritāyán [3].

On peut voir une double comparaison avec un seul *ná* [4] dans les passages où le nom du char ou de la roue est construit parallèlement avec celui des chevaux, quoique ce rapprochement seul éveille naturellement une idée de dépendance :

I, 155, 6. *catúrbhih sākám navatím ca námabhiç* cakrám ná vrittám vyátīr *avīvipat* [5].

I, 52, 1. átyam ná *vájam* havanasyádam rátham éndram vavrityām ávase suvriktíbhih [6].

---

1. Il pourrait sembler plus naturel de construire *árvā* (ainsi que *étaças* dans l'exemple précédent) en dehors de la comparaison, si l'on n'avait pas l'exemple suivant, reproduisant une troisième fois la même combinaison. Cf. aussi plus bas, ix, 22, 1 (p. 98). La place du verbe *adadhāvat* (comme de *takti*) n'est pas un obstacle (voir plus haut, p. 80).

2. Cf. plus bas x, 61, 16, p. 98 note 3.

3. Le mot *ritāyán* pourrait aussi se rapporter au sujet du dernier pāda ; — Il ne serait pas impossible qu'un mot exprimant le « bruit » des chevaux ou des chars eût été construit de la même manière aux vers i, 104, 1 ; v, 10, 5 ; ix, 10, 1. L'hypothèse d'un *svāná* adjectif deviendrait ainsi inutile.

4. Voir plus haut, p. 93, note 1.

5. *vyáti*, d'après ses autres emplois, ne peut désigner que les attelages ; le sens de « rayon », que lui attribue M. Ludwig, semble inadmissible. D'autre part est-il bien naturel de construire *vyátīn* « chevaux » avec *navatím* (qui, selon moi, est employé substantivement, les 90 avec 4 formes chacun), et d'admettre, comme M. Grassmann, une comparaison de chevaux avec une roue ? Voir, d'ailleurs, les exemples ci-après, p. 98.

6. *vájam* est un accusatif du but qu'il ne faut pas confondre avec les deux autres.

VII, 34, 1. *prá çukraítu deví manīshá asmát* sútashto
rátho ná vājí[1].

Mais les deux concrets sont accompagnés d'un abstrait
construit au même cas qu'eux dans l'exemple suivant qui
nous rappelle une formule déjà deux fois citée :

IX, 22, 1. *eté sómāsa āçávo* ráthā iva prá vājínaḥ
— sárgāḥ sṛishṭá *aheshata*[2].

Voici enfin une construction parallèle de trois termes
désignant, l'un la jante de la roue, un autre la roue elle-
même, et le troisième les chevaux :

X, 61, 16. *sá kakshívantaṃ rejayat só agníṃ* nemíṃ
ná cakrám árvato raghudrú.

La construction attendue serait *nemíṃ ná cakrásyár-
vadbhiḥ* : « Il a mis en mouvement Kakshīvant et Agni,
comme la jante de la roue au moyen des chevaux[3]. »

Les dieux font la même route que leur char et leurs
chevaux. Il n'en est pas moins vrai que les comparaisons
suivantes, appliquées à Indra, et où le nom de Vāyu est
construit parallèlement à celui des chevaux ou du char[4],
éveillent l'idée d'Indra venant comme Vāyu *avec* son
char ou ses chevaux :

III, 49, 4. rátho ná vāyúr *vásubhir niyútvān*[5].

III, 35, 1 = VII, 23, 4. *yāhí* vāyúr ná niyúto *no ácha*[6].

---

1. Je ne crois guère à un *vājín* adjectif (voir plus haut, p. 93, n. 1), et
pas du tout à un *vājín*, épithète des chars. L'exemple du vers ix, 22, 1
(voir ci-après), est analogue au précédent, et le troisième et dernier
cité par M. Grassmann, i, 129, 1, n'est pas concluant.

2. M. Ludwig admet ici la double comparaison avec les chars et
avec les chevaux. Il n'y avait aucune raison d'expliquer autrement le
vers vii, 34, 1, ci-dessus.

3. Le sens de M. Ludwig « comme la roue *du* cheval *met en mouvement la jante* » n'est pas tentant. — L'hyperbate de *raghudrú* est pareille
à celle de *ṛitāyán*, plus haut p. 97 (vii, 87, 1).

4. On trouve aussi le nom des dieux, ou le pronom qui le remplace,
construit parallèlement au nom du char en dehors de la comparaison,
vii, 48, 1.

5. M. Ludwig fait de ce *pāda* une phrase à part où *ná* ne ferait
qu'adoucir l'expression. Mais cette phrase interromprait une série
d'expressions qui sont toutes appliqués à Indra. D'ailleurs, la figure
ordinaire est qu'Indra attelle à son char les chevaux du vent, non qu'il
prend le vent pour char.

6. M. Ludwig hésite entre l'attribution d'un sens causal à *yāhí* et la

Les rivières aussi ont, dans la poétique védique, des chars et des chevaux (l'Indus par exemple, X, 75, 8 et 9). De là ce passage où il est dit que les Maruts ont des chevaux tachetés, comme les rivières à leurs chars, ou comme les chars des rivières. Le mot « rivières » et le mot « chars » sont tous les deux au nominatif :

I, 186, 8. *pṛishadaçvāso* 'vánayo ná ráthāḥ.

Comme le nom du char ou des chevaux dans les exemples précédents, celui de l'arme est peut-être construit au même cas que le nom du dieu dans l'exemple suivant :

VI, 18, 10. agnír *ná çúshkam vánam indra* hetí *ráksho ní dhakshy açánir ná bhīmá.*

Du moins la restitution *hetís* du pada-pāṭha s'accorde-t-elle avec la seconde comparaison, *açánir ná bhīmá.* En tout cas, je crois à une construction parallèle du nom du dieu et de ses armes au vers V, 86, 1 :

indrāgnī yám ávatha ubhá vájeshu mártyam — dṛiḷhá cit sá prá bhedati dyumná váṇīr iva tritáḥ.

Celui qu'Indra et Agni protègent brise les clôtures les plus solides et en répand les richesses[1] « comme Trita avec ses chants » ou « comme les chants de Trita ». Trita est en effet le dieu qui prend pour arme contre le démon « une prière à pointe de fer », X, 99, 6[2].

construction de *niyútas* avec un participe sous-entendu (*váhan* ou *yuñján ráthe*). — J'avais proposé autrefois « viens comme Vāyu vers nos attelages », c'est-à-dire « vers nos prières qui servent aux dieux d'attelages », et cité cette formule comme un exemple de l'incohérence des figures védiques. Je préfère aujourd'hui voir là un fait de syntaxe analogue aux précédents. Au vers vii, 90, 1, qui pourrait être cité à l'appui de ma première interprétation, la résolution de *yāhy áchā* dans le pada-pāṭha (*yāhi* sans accent) peut être fautive.

1. La racine *bhid* paraît être ici construite avec deux accusatifs comme l'est souvent la racine *dar* (par exemple au vers iv, 16, 8, ce qui supprime un des prétendus exemples du génitif singulier *apás*, (voir plus haut, p. 96, n. 1), comme l'est aussi la racine *ruj* (au vers vi, 30, 5, même observation).

2. Cf. *Religion védique*, ii, 330. Il semble inutile de discuter le sens de « roseau » donné par M. Roth et par M. Grassmann au mot *váṇī.* La traduction de M. Ludwig est plus acceptable. L'avantage de la nôtre est de se rattacher, d'une part à un ordre de formules mythiques, de l'autre à un ordre de formules syntactiques qui paraissent l'un et l'autre bien établis.

Voici encore quelques exemples isolés, mais parfaitement clairs en eux-mêmes, d'un concret et d'un abstrait construits, dans le même rapport pour la forme, et dans des rapports différents pour l'esprit, avec le reste de la proposition.

Un ami et le profit qu'on en tire : X, 7, 5. *dyúbhir hitám* mitrám iva *prayógam pratnám ṛitvíjam adhvarásya jārám — bāhúbhyām agním āyávo 'jananta;* on aurait attendu *mitrásya prayógam* ou mieux *mitrám prayógena*[1].

La loi et l'application qu'on en fait : I, 153, 2. *prástutir vām* dháma ná *práyuktir áyāmi mitrāvaruṇā suvṛiktíḥ*[2]. Il se pourrait aussi que *práyukti* eût le sens d' « attelage », et que l'hymne fût présenté comme « l'attelage de la loi » (cf. le char, les rênes, les cochers de la loi[3].)

Un fils et la naissance de ce fils. Aussi agréable est pour Agni l'hymne qu'on lui adresse : III, 15, 2. jánmeva nítyam tánayam *jushasva stómam me agne tanvằ sujāta*[4].

Une montagne et les fruits qu'elle donne (avec ses eaux), I, 65, 5 : girír ná bhújma *kshódo ná çambhú* (Agni lui-même)[5].

Les eaux (divinisées) et leur bienveillance : IX, 88, 7. ápo ná *makshú* sumatír *bhavā* naḥ (Soma)[6].

Dans tous les cas examinés ci-dessus, chacun des deux termes parallèles aurait pu être plus ou moins naturelle-

---

1. Je suis d'accord avec M. Ludwig pour repousser l'hypothèse d'un composé *prayo-gám* (avec changement d'accent), admise par M. Roth et par M. Grassmann.

2. M. Ludwig, dans son commentaire, tout en donnant un autre sens aux mots, les construit également dans un rapport de dépendance, mais sans autre explication.

3. Voir Grassmann, *Wœterbuch zum Rig-Veda*, s. v. *ṛitá*.

4. La construction de M. Ludwig est peu satisfaisante. Jamais on n'a désigné par le mot *jánman* la « famille » d'un « fils », ses ascendants.

5. Peu importe pour notre sujet que *bhújman* signifie directement « jouissance », ou, comme le suppose M. Ludwig, « vallée » où coulent des rivières. L'essentiel est le rapprochement de *girír ná bhújma* et de *girír ná bhujmá*, Vāl., 2, 2 : *bhújma* est équivalent (pour le sens) à *bhújmanā*.

6. Ainsi devient inutile l'hypothèse hasardée pour cet exemple unique, et acceptée par M. Ludwig, d'un *sumatí* adjectif.

ment construit pour son compte au cas où ils sont mis tous deux. Il resterait à citer des constructions plus bizarres où le parallélisme des deux termes ne peut plus guère s'expliquer que par une véritable attraction.

Les prières adressées aux Maruts s'élancent à l'envi vers eux, selon une comparaison banale, « comme les eaux des montagnes [1] », mais non « comme les montagnes avec leurs eaux » : VI, 66, 11. *diváḥ çárdhāya çúcayo manīshā giráyo nắpa ugrắ aspṛidhran.*

Agni pourrait être comparé à une vache, comme il l'est à tout ce qu'il y a de bon et d'utile au monde. Mais en tant que « clair » et « brillant », ce n'est pas à la vache, c'est à son lait (ou au beurre fait de ce lait, IV, 1, 6) qu'il est comparé. Le mot « vache » n'en est pas moins au nominatif comme le mot « lait » dans la formule suivante : I, 66, 2. *páyo ná dhenúḥ çúcir vibhắvā* [2].

On pourrait multiplier les exemples de ce nouveau genre ; mais le terrain semble ici moins solide, et je préfère ne pas m'y aventurer aujourd'hui.

---

1. Il paraît impossible de tirer un autre sens de ce passage.
2. L'interprétation de M. Ludwig est cherchée trop loin ; le sens s'impose.

COLLECTION PHILOLOGIQUE. Recueil de travaux originaux ou traduits, relatifs à la philologie et à l'histoire littéraire. Format in-8°.

BERGAIGNE (A.). Manuel pour étudier la langue sanscrite. Chrestomathie, Lexique, Principes de grammaire. Gr. in-8. 12 fr.

BIBLIOTHÈQUE FRANÇAISE DU MOYEN AGE publiée sous la direction de MM. G. Paris et P. Meyer, membres de l'Institut. Format petit in-8°.

Vol. I, II : Recueil de motets français des XIIe et XIIIe siècles, publiés d'après les manuscrits avec introduction, notes, variantes, etc., par G. Raynaud, suivis d'une étude sur la musique au siècle de saint Louis, par H. Lavoix fils. 18 fr.

Vol. III : Le Psautier de Metz, tome Ier, texte et variantes, publié d'après quatre manuscrits par F. Bonnardot. 9 fr.

BREKKE (K.). Étude sur la flexion dans le voyage de saint Brandan, poème anglo-normand du XIIe siècle. In-8°. 3 fr.

CHRESTOMATHIE de l'ancien français (IXe-XVe siècles) à l'usage des classes, précédée d'un tableau sommaire de la littérature française au moyen âge et suivie d'un glossaire étymologique détaillé par L. Constans. In-8° cartonné. 5 fr.

CURTIUS (G.). Grammaire grecque classique, traduite sur la quinzième édition allemande par P. Clairin. In-8°. 7 fr. 50

DIEZ (F.). Grammaire des langues romanes, traduite sur la 3e édit. allemande refondue et augmentée. T. Ier traduit par A. Brachet et G. Paris. T. II et III traduits par A. Morel-Fatio et G. Paris. Gr. in-8°. Epuisé. 40 fr.

FLAMENCA (le roman de), publié d'après le manuscrit unique de Carcassonne, avec introduction, sommaire, notes et glossaire par P. Meyer. Gr. in-8°. 12 fr.

GODEFROY (F.) Dictionnaire de l'ancienne langue française et de tous ses dialectes, du XIe au XVe siècle, composé d'après le dépouillement de tous les plus importants documents, manuscrits ou imprimés qui se trouvent dans les grandes bibliothèques de la France et de l'Europe, et dans les principales archives départementales, municipales, hospitalières ou privées. Publié sous les auspices du Ministère de l'Instruction publique, et honoré par l'Institut du grand prix Gobert.

Paraît par livraisons de 10 feuilles gr. in-4° à trois colonnes au prix de 5 fr. la liv. L'ouvrage complet se composera de 100 livraisons.

LOTH (J.). Vocabulaire vieux-breton avec commentaire contenant toutes les gloses en vieux breton, gallois, cornique, armoricain connues, précédé d'une introduction sur la phonétique du vieux-breton et sur l'âge de la provenance des gloses. Gr. in-8°. 10 fr.

MÉMOIRES de la Société de linguistique de Paris. Tome 1er complet en 4 fascicules ; T. 2e complet en 5 fascicules ; T. 3e complet en 5 fascicules ; T. 4e complet en 5 fascicules ; T. 5e complet en 5 fascicules. 114 fr.

MOREL-FATIO (A.). La Comedia espagnole du XVIIe siècle. Cours de langues et littératures de l'Europe méridionale au Collège de France. Leçon d'ouverture. In-8°. 1 fr. 50

MYSTÈRE (le) de la Passion d'Arnoul Greban, publié d'après les mss. de Paris, avec une introduction et un glossaire par G. Paris et G. Raynaud, 1 fort vol. gr. in-8° à 2 col. 25 fr.

PARIS (G.). Étude sur le rôle de l'accent latin dans la langue française. In-8°. 4 fr.
— Dissertation critique sur le poème latin du Ligurinus attribué à Gunther. In-8°. 2 fr.
— Le petit Poucet et la Grande-Ourse, 1 vol. in-16. 2 fr. 50
— Les contes orientaux dans la littérature française du moyen âge. In-8°. 1 fr.
— Grammaire historique de la langue française. Cours professé à la Sorbonne en 1868. Leçon d'ouverture. 1 fr.

RECUEIL d'anciens textes bas-latins, provençaux et français, accompagnés de deux glossaires et publiés par P. Meyer. 1re partie : bas-latin, provençal. Gr. in-8°. 6 fr. 2e partie : vieux français. Gr. in-8°. 6 fr.

VIE (la) de saint Alexis, poème du XIe siècle. Texte critique publié par G. Paris. Petit in-8°. 1 fr. 50

REVUE CELTIQUE publiée avec le concours des principaux savants français et étrangers par M. Gaidoz. Chaque volume se compose de 4 livraisons d'environ 130 pages chacune. — Prix d'abonnement : Paris, 20 fr. ; départements et pays d'Europe faisant partie de l'Union postale, 22 fr. ; édition sur papier de Hollande : Paris, 40 fr. ; départements et pays faisant partie de l'Union postale, 44 fr.

Le septième volume est en cours de publication.

ROMANIA, recueil trimestriel consacré à l'étude des langues et des littératures romanes, publié par MM. Paul Meyer et Gaston Paris. Chaque numéro se compose de 160 pages qui forment à la fin de l'année un vol. gr. in-8° de 640 pages. — Prix d'abonnement : Paris, 20 fr. ; départements et pays d'Europe faisant partie de l'Union postale, 22 fr. ; édition sur papier de Hollande : Paris, 40 fr. ; Départements et pays d'Europe faisant partie de l'Union postale, 44 fr.

La quinzième année est en cours de publication.

Aucune livraison de ces deux recueils n'est vendue séparément.

Chartres. — Imprimerie Durand